AF509387

# LETTRE
## SUR L'ANTIQUITE'
### DE LA VILLE
## DE DOLE.

**M**ONSIEUR,

VOUS avez lû une Diſſertation critique imprimée à Dole en 1744. par laquelle on entreprend de prouver, que Dole eſt une ancienne Cité du Pays des Sequanois. Vous ſçavez que j'ai lû cette Diſſertation, & vous ſouhaitez que je vous en diſe mon ſentiment. Comme je ne dois rien vous refuſer, je vous le dirai avec la liberté qui convient aux Gens de Lettres en pareille matiere.

M. Dunod a crû que Dole a eu de petits commencemens, & que ç'a été ſeulement dans le onziéme ſiécle, depuis lequel elle s'eſt élevée inſenſiblement à l'état où elle eſt aujourd'hui :

A

M. Normand Auteur de la Diſſertation, entreprend de prouver que Dole étoit une Ville apellée *Amagetobrie* avant la conquête des Gaules par les Romains, *Dittatium* dépuis cette conquête juſqu'au quatriéme ou cinquiéme ſiécle de la redemption, qu'elle porta le nom de *Dubris*, changé environ le onziéme en celui de *Dole*.

L'on ne trouve aucune mention d'*Amagetobrie* que dans les Commentaires de Jules Ceſar, où parlant d'une ſeconde défaite de ceux d'Autun par Arioviſte Roy des Germains, il dit, *quod pralium factum eſt Amagetobriæ* ; * Etoit-ce une Ville, un Village, ou le lieu ſimplement de la bataille ? Ceſar ne le dit pas. Si c'étoit une Ville, il l'auroit dit & dû le dire en Hiſtorien exact ; & il paroît par ces termes, *quod pralium factum eſt Amagetobriæ*, qu'Amagetobrie étoit le champ même de la bataille : or on ne donne pas une bataille dans une Ville. C'eſt ce qui réſulte encore de ce que Ceſar dit, qu'Arioviſte s'étoit retranché dans des marais & des bois, & qu'il avoit ſurpris & battu les Eduois qui ne ſe tenoient pas ſur leurs gardes ; car cette narration prouve, que les Armées étoient campées l'une près de l'autre, & que le lieu du combat fut le Camp même des Eduois, qui n'étoit pas dans une Ville. Si ce lieu n'avoit point de nom particulier, le combat pourroit avoir été apellé de celui d'un Village voiſin, comme le combat de *Denain*, & tant d'autres. Une preuve encore

* **Libr.** 1°. de Bello Gallico.

que ce n'étoit pas une Ville de marque, c'eft
qu'il n'eft plus parlé dès-lors d'*Amagetobrie*.

M. Normand répond, qu'il étoit de la politi-
que des Sequanois, d'avoir une Place forte fur
leurs frontieres ; & que ce devoit être à Dole où
Ariovifte avoit laiffé fes magafins, pendant qu'il
s'étoit avancé à Tavaux ou à St Aubin où il y
avoit des bois & des marais, dans lefquels il
pouvoit fe retrancher. Mais Céfar n'a parlé que
d'une Place forte chez les Sequanois. C'eft Befançon, dont il a fait la defcription avec tant
d'exactitude, qu'on ne pourroit le méconnoître
quand il ne l'auroit pas nommé. Seroit-ce avoir
une Place forte fur la frontiere, que de la faire
à Dole qui en eft éloigné ? Et n'y avoit-il point
d'autre lieu propre à fortifier fur le bord de la
Saone qui féparoit les Sequanois de ceux d'Autun ? L'on ne connoît point de marais aux environs de Tavaux & de St Aubin, où il ne paffe
point de riviere ; & Ariovifte en fe plaçant dans
l'un de ces deux Villages, auroit laiffé expofé
au pillage & aux courfes des ennemis, tout le
plat Pays qui reftoit du côté de la Saone. Céfar
le dépeint trop habile, pour qu'il fît une fi grande
faute.

Mais, dit M. Normand, fi Amagetobrie avoit
été à Broie dans le confluant de Loignon & de
la Saone, ou plus bas à Pontailler fur Saone ;
il auroit fallu que les Eduois fiffent quelques
lieuës fur les frontieres de Langres pour y venir,
quoique les Langrois fuffent amis des Sequanois,
puifqu'ils fournirent enfemble & avec les Leuques des vivres à Céfar.

M. Dunod n'avouë pas qu'Amagetobrie ait été une Ville ; il dit seulement qu'à *suposer* que c'en fût une , *il paroît* que ce devroit être à Pontaillie ou à Broie , où l'on trouve encore souvent des médailles & des ruines de bâtimens Romains , & qui étoient à l'entrée du Pays des Sequanois. Si les Langrois & les Leuques fournirent des vivres à Cesar , pour chasser Arioviste du Pays des Sequanois qu'il avoit déja occupé en partie , & qu'il vouloit occuper tout entier ; les Eduens même s'unirent aux Sequanois pour prévenir le peril qui les menaçoit tous également , par les établissemens que prétendoit faire Arioviste dans le Pays des Sequanois leurs voisins ; & M. Normand n'a pas fait attention , à ce que dit Cesar au sixiéme Livre de ses Commentaires; qu'au tems qu'il arriva dans les Gaules , il y avoit deux factions. Celle des Eduens d'une part , & des Sequanois de l'autre ausquels les Auvergnats s'étoient joints. D'où il suit que les autres Peuples , & par conséquent les Langrois étoient de la faction dont ceux d'Autun étoient les chefs , puisqu'ils n'étoient pas de celle des Sequanois. Venons à *Dittatium*.

Il n'est parlé de *Dittatium* que dans la description geographique de Ptolomée , en ces termes. *Sub Helvetiis sunt Sequani , quorum Civitates Dittatium , Visontium , Equestris , Avanticum.*

Ptolomée a écrit sa geographie en Grec , à Alexandrie en Egipte , sur les Mémoires qui lui étoient envoyés. Il a pû être facilement trompé par des Mémoires dans lesquels le nom de la même Ville a été écrit differemment, parce qu'on l'écrivoit ou qu'on le prononçoit de differentes manieres ; comme Besançon, par exemple, que l'on trouve écrit dans ces anciens tems, *Vesontio, Visuntium, Besantium & Bisantium* ; ce qui le lui auroit fait prendre pour deux Villes differentes. Premiere source d'erreur. La seconde & plus grande encore, se trouve en ce que la geographie de Ptolomée, ne s'est conservée que par des manuscrit multipliés à l'infini, en des tems où la langue Grecque étoit peu connuë & pratiquée. Il a pû s'y glisser des erreurs, & il s'y en est glissé sans nombre, suivant le témoignage de Bertius, qui a fait au dernier siécle la belle édition d'Amsterdam du Texte Grec & de la traduction Latine de Ptolomée. Voici comm'il en parle. *Ex Græcâ Codicum inter se, & Latinorum cum Græcis collatione, deprehendi ; exemplaria Ptolemaïca admodùm inter se dissentire, tantumque sibi, vel Scribarum licentiam vel aliorum audaciam sumpsisse, ut loca, numeros & orationem immutarint.* [*] L'on voit par cette observation, qu'on ne doit pas regarder comme décisif, ce qui se trouve dans les éditions de Ptolomée, quand il y a de fortes raisons pour le contredire. Non pas même celle de Bertius qui n'a été faite que sur un exemplaire Grec comm'il en convient, qui a pû être alteré & corrompu comme tant d'autres.

Or, les raisons de retrancher *Dittatium* de la geographie de Ptolomée sont 1°. Qu'il n'en est

[*] *Præfatio in fin.*

fait aucune mention ailleurs, ni avant ni après Ptolomée ; soit dans les notices, soit dans l'itineraire d'Antonin, soit dans la carte de l'Empire Romain, faite, à ce que dit Bergier dans l'histoire des chemins Romains, sous l'Empereur Theodose. C'est une Cité suivant Ptolomée. Elle devroit donc être dans les notices, si elle avoit existé. Elle se trouve suivant M. Normand sur une levée & grande route Romaine ; elle devroit par conséquent être dans les itineraires qui nomment les Cités qui étoient sur ces routes, & *Dittatium* n'y est pas nommé. 2°. Les manuscrits Grecs de Ptolomée qui sont les originaux sur lesquels on a fait les éditions, varient sur le nom de la Cité qu'ils mettent la premiere entre celles des Sequanois. M. Saumaise rend témoignage qu'il en a vû dans lesquels on lit *Disasion* au lieu de *Dittatium*, & M. de Camps Abbé de Signy *Obisontion*, & ensuite *Visontion*. D'où il suit 1°. Que ces manuscrits ne sont pas certains. 2°. Qu'*Obisontion* & *Visontion* étant certainement la même Ville, il s'ensuit que *Besançon* a été écrit par redoublement dans ces manuscrits, probablement par la difference que ceux qui les ont faits, ont crû trouver entre *Obisontion* & *Visontion*, ou quelqu'autre alteration dans le nom de cette Ville.

M. Normand répond, que les degrés de longitude & latitude de *Dittatium* & *Visontion*, sont differens dans Ptolomée ; d'où il conclut que ce sont deux Villes differentes. Mais dès que les Auteurs des manuscrits ont crû cette difference, ils ont dû croire que ces deux Villes qu'ils fupofoient au lieu d'une, étoient fous différens degrés, & qu'ils les ont fupléés ou corrigés. C'eft ce qui leur eft arrivé plus d'une fois, fuivant que l'a remarqué Bertius dans fa Préface. *Tantam fibi licentiam fumpfére, ut & loca, & numeros, & orationem immutarint.* Ils ont changé les noms, *orationem*; les lieux, *loca* en déplaçant les Villes, ou les mettant par redoublement; & les degrés, *numeros* en les faifant moindres ou plus grands. Bertius dit dans un autre endroit de fa Préface : *Deprehendi quoque in Græco codice, non femel vitiosè pofitos numeros, partibus affis non refpondentes.*

3°. On doit d'autant moins compter fur les degrés de longitude & de latitude de la geographie de Ptolomée pour la Province Sequanoife, qu'on voit à la Table troifiéme de fon huitiéme Livre qui concerne les Gaules, qu'on ne lui avoit pas envoyé le meridien de Befançon ni des autres Villes de la Province Sequanoife, quoiqu'on lui eût envoyé celui d'Autun, Lyon, Vienne, Nifmes, Marfeille, *&c.* Comment pourroit-on compter après cela fur les degrés de fa geographie, pour la Province Sequanoife. Auffi Gerard Mercator le plus celebre Geographe & Mathematicien de fon tems, dans les Tables topographiques qu'il a dreffées fur ces degrés, a mis Befançon loin du Doubs, & *Dittatium* fur la Saone, de même qu'*Equeftris* qui eft fur le Rhone : Peut-on efperer après cela de placer clairement les Villes des Sequanois, fur ce qu'on trouve de leurs degrés dans la geographie de Ptolomée.

4°. M. Normand dit que *Dittatium* étant nom-mé avant *Visontium*, c'étoit *la capitale & la pre-miere Cité des Sequanois.* Il est cependant notoire que Besançon seul, avoit cette qualité sous l'Empire Romain. Cesar la lui donne avant la con-quête des Gaules. *Maximum Sequanorum Oppi-dum.* Elle a été sous l'Empire Romain le lieu de la residence du Président de la Province Sequa-noise, par conséquent sa Capitale ; & c'est par cette raison, qu'elle a été dès le commencement & qu'elle est encore aujourd'hui, le lieu du siége de l'Evêque Métropolitain de cette Province.

5°. Si *Dittatium* avoit été une Ville ancienne & principale des Sequanois sous l'Empire Ro-main, l'on y trouveroit encore aujourd'hui des monumens de cette antiquité & *principalité*. M. Normand allégue de ces marques hors de Dole & au-delà du Doubs, citées par Golut, qui peuvent être celles d'une maison de campagne, car c'est peu de chose ; des pilastres canelés, un petit aqueduc, &c. Comm'il faudroit une descente sur les lieux & bien des chicanes pour vérifier le peu qu'on dit qui reste ; je laisse cette objection à un examen juridique, pour me re-trancher au manque d'inscriptions, ne fussent que de tombeaux antiques, que l'on a trouvé & que l'on trouve communément à Besançon, Nion & Avanche, qui sont les autres Cités des Sequa-nois suivant Ptolomée, & dont personne ne conteste l'existence actuelle : Or l'on n'en a pas trouvé une seule à Dole, si l'on excepte celle du tombeau sur lequel est écrit, *Pontia præposita*

*de*

*de Dolâ.* Mais *Pontia* eſt le nom d'un Saint ; car nous fêſons Saint Pons au 8. Mars , Saint Ponce au 14. May , & Saint Pontien au 19. Novembre. C'eſt ici le nom d'une femme , & ſa qualité eſt marquée par le mot *præpoſita.* L'on peut voir dans M. Ducange ce que ſignifie cette qualité , au mot *præpoſita* , où il dit ; *eſt dignitas in Monaſteriis Sancti Monialium , Abbatiſſæ proxima.* Tout ce qu'on peut conclure de l'inſcription , eſt donc qu'une Abbeſſe ou Prieure de Religieuſes qui étoit de Dole *de Dolâ* , y eſt morte & y a été inhumée. Ceux qui auront la curioſité de demander à voir les autres antiquités que l'on conſerve à Dole , en connoîtront la miſere.

Sur ce que l'on objecte que *Dittatium* n'eſt pas marqué dans l'itineraire d'Antonin , quoiqu'il ait dû s'y trouver ſuivant M. Normand qui le met à Dole ſur la route de cet itineraire qui a ſuivi de près la geographie de Ptolomée , ſoit qu'on l'attribue à Antonin Pie ou à Antonin Caracalla ; M. Normand répond , que cette omiſſion eſt ſuppſée par la carte dite de Peutinger , qu'on croit avoir été faite , comme on l'a dit , au quatriéme ſiécle ; par le mot de *Dubris* qu'il dit être Dole : que *Dubris* déſigne un lieu ſitué ſur le Doubs & Dole la Ville du Doubs ; ainſi ſuivant M. Normand , Dole a porté le nom d'*Amageto-brie* avant la conquête des Gaules , de *Dittatium* après cette conquête , mais pendant quelque tems ſeulement ; de *Dubris* ſur le déclin de l'Empire Romain , & de *Dole* ſous les Rois Bourguignons & autres qui ont ſuivi.

B

Un enfant qui n'a porté le nom d'aucun des
ancêtres qu'on lui supose, mais un nom tout dif-
ferent, a bien l'air d'un enfant illégitime : & la
cascade des noms que M. Normand donne à la
Ville de Dole, me fait souvenir d'une Epigrame
du Chevalier de Cailli, raportée dans l'Art de
penser du Pere Bouhours ; * sur ce qu'un Sçavant
tiroit le nom d'*Alfana*, qui est un cheval, du mot
latin *Equus*.

> Alfana *vient d'Equus sans doute* ;
> *Mais il faut avoüer aussi*,
> *Qu'en venant de-là jusqu'ici*,
> *Il a bien changé sur la route.*

Je parlois dernierement de l'étimologie de
*Dubris*, *Dole* suivant M. Normand, & de ce
qu'il dit que le Grand Noire a tiré son nom de
*major Annona*, comme le petit Noire de *minor
Annona* ; à un homme qui sçait peu de Latin &
ignore le Grec, mais qui a bien du bon sens. Il
me répondit en hochant la tête, qu'Adam avoit
donné aux animaux des noms qui désignoient
leurs proprietés, & qu'il étoit probable que ses
descendans en avoient usé de même, à l'égard des
lieux où ils s'étoient fait des établissemens ; *con-
veniunt rebus, nomina sapè suis* ; que nos ancêtres
Celtes en s'établissant dans les Gaules, avoient
désigné chaque lieu par ce qui leur avoit paru de
sa situation ; & qu'en comparant le nom avec la
situation, il croyoit avoir trouvé beaucoup d'ex-
pressions de la langue Celtique ; que sur ce plan

* Pag. 206.

il lui paroiſſoit que les deux Noires avoient ainſi
été apellés , ou parce qu'il y avoit beaucoup de
noyers , ce que nous apellons une *noirée* , d'un
mot qui n'étant pas dérivé du Latin , eſt Celtique ; ou parce que le Doubs qui paſſe entre ces
deux Villages prend ſouvent de nouveaux lits
aux environs , & en les quittant y laiſſe des creux
qui ſont preſque toujours remplis d'eau , que nous
apellons *noüe* en notre ancien langage , & *noia*
dans les titres Latins.

Il ajouta qu'il avoit remarqué , que les noms
des lieux où l'on trouve *tol* , *tai* , *tel* , qui ſe pro-
noncent aſſez ſouvent *dol* , *dal* , *del* , parce que
la prononciation en eſt plus douce ; ſont ordi-
nairement ſitués ſur des penchans de colline , au
bord de quelque prairie ou riviere ; que c'eſt
dans ce ſens que nous diſons la *douve* d'un foſſé ,
une *douve* de tonneau ; & qu'il croyoit que c'étoit
l'étimologie de Dole. Vous ſçavez , Monſieur ,
que cette Ville eſt bâtie ſur le haut & le penchant
d'une colline , auprès d'une riviere & d'une prairie ; n'eſtimerez - vous pas qu'un homme de bon
ſens ſeulement , penſe plus naturellement & plus
juſte , qu'un Docteur qui veut mettre de l'érudi-
tion en tout. Il me ſemble du moins que ſon étimologie eſt meilleure que celle que nos Docteurs
du commencement du quinziéme ſiécle , ont donné au mot *Dola* dans les Lettres - Patentes de
l'érection de l'Univerſité de cette Ville ; où ils
ont fait dire au bon Duc Philippe , que *Dola*
venoit à *Dolabra* & *Dolando* , parce que les belles
Lettres en avoient poli les Habitans. L'homme

de bon sens me disoit aussi, qu'il entre de la pédanterie à vouloir tirer les noms de nos Villes, Bourgs & Villages, du Latin; parce que ces Lieux existans presque tous avant qu'on parlât Latin dans les Gaules, ils ont dû être nommés en Celtique.

M Normand pour prévenir l'objection qu'il a bien senti qu'on pouvoit lui faire, sur la quantité des noms qu'il supose que Dole a porté; dit que Besançon a été apellé *Crispopolis*, Nion, *Equestris*, Bibracte *Augustodunum*. Mais on ne trouvera aucune Ville qui en ait eu quatre, comme il les donne à Dole; & celles qu'il cite n'en ont eu deux, que par raport à quelque illustration ou bienfait du Prince. C'est ainsi que Nion, *Noviodunum*, a été apellé *Equestris* d'une colonie de Cavaliers véterans qui y fut envoyée; Besançon, *Vesontio*, *Crispopolis*, parce que le César Crispus qui commandoit dans les Gaules, en chassa les Allemands; & qu'en reconnoissance de ce bienfait, la Cité de Besançon, en prenant son nom, lui décerna un arc de triomphe; comme Bisance celui de Constantin pere de Crispus, dès qu'il y eût transferé le Siege de l'Empire. Au reste, si Bibracte est Autun, car plusieurs Sçavans en doutent; c'est parce qu'Auguste lui permit de porter son nom, comme étant la premiere & la plus ancienne alliée du Peuple Romain dans les Gaules.

En voilà assez, ce me semble, pour désabuser toute personne qui examinera les choses sans prévention, qu'il y ait eu au Comté de Bourgogne des Villes dont les noms ayent été *Amagetobrie* &

*Dittatium*, ou une Ville feule qui les ait porté fucceffivement ; & que s'il y en a eu, ce n'étoit pas Dole. Je paff à la troifiéme métamorphofe de Dole, en *Dubris.*

Quand on pafferoit à M. Normand, que *Dubris* & *Dubis* font le même nom ; il n'en pourroit pas conclure, que *Dubris* fignifiât la Ville du Doubs, mais Doubs fimplement. Nous avons auprès de l'Abbaye de Montbenoift un petit Village fur cette riviere, qui s'apelle Doux. La riviere de ce nom n'eft pas figurée fur la carte de Peutinger auprès de *Dubris*, & ce lieu y eft marqué à mi-chemin de Befançon à Chalon ; ce qui ne convient pas à Dole, qui eft bien plus près de Befançon que de Chalon. Befançon y eft marqué par deux tours, comme les autres Villes principales des Provinces Romaines, & Chalon comme une Ville du fecond ordre, par une maifon. *Dubris* y eft fans diftinction, entre *Crufinio* du côté de Befançon, & *Ponteternutio* du côté de Chalon, qui ne pouvoient être en ce tems-là que de fimples Villages, Stations ou Etapes de la voye militaire de Befançon à Chalon. *Dubris*, dans le fiftéme de M. Normand, n'étoit donc qu'un Village comme *Crufinio* & *Ponteternutio*, quand cette carte des voyes militaires de l'Empire Romain a été faite.

M. Dunod a dit que l'on connoiffoit le commencement de Dole ; qu'il n'y avoit d'abord qu'un petit Château dans le onziéme fiécle, que le Comte de Bourgogne avoit fait bâtir probablement pour la commodité de la chaffe dans la vaſte forêt de Chaux qui en eſt voiſine ; que Frederic I. Empereur & Comte de Bourgogne y fit faire au ſiecle ſuivant une maiſon de campagne aſſez vaſte pour le loger avec ſa Cour , ce qui donna lieu d'y former un Bourg dont les accroiſſemens ont fait une Ville. M. Dunod prouve ces faits par des chroniques & des Chartes. M. Normand a ajouté par les Titres qu'il a fait imprimer à la ſuite de ſa Diſſertation , de nouvelles preuves des faits qu'il vouloit combattre.

Le plus ancien de ces titres eſt une donation faite en 1092. par Hugues III. Archevêque , de pluſieurs Egliſes Paroiſſiales à l'Egliſe Collegiale de Ste Magdeleine à Beſançon , dans laquelle il confirma la donation qu'il avoit précédemment faite à cette Collegiale , des Egliſes de St Martin *de Sens* & de St Germain *d'Aſans* , *juxtà Caſtellum Dolam.* Si Dole avoit été une Ville , Bourg ou Village , on auroit dit , *juxtà Urbem , Oppidum , Vicum de Dolâ* ; mais on le déſigne ſimplement par le mot *Caſtellum* ; il n'y avoit donc qu'un Château ; & remarquez , s'il vous plaît Monſieur, qu'on ne dit pas *Caſtellum de Dolâ* qui auroit ſignifié le Château de Dole ; mais *juxtà Caſtellum Dolam* , qui veut dire ſeulement le Château apellé *Dole.*

La chronique de Veſelai que M. Dunod a citée , porte que l'Empereur Frederic I. Comte de Bourgogne par ſa femme , & mort dans le chemin de la Paleſtine le 10. Juin 1190. *Ædificaverat Palatium miræ amplitudinis , in loco qui dicitur Dola* ; Remarquez encore ce mot , *in loco* , qui ne fignifie qu'une place vuide & inhabitée, ou celle du petit Château dont il eft parlé dans la Charte de 1092. car fi ç'avoit été dans une Ville on auroit dit *in Urbe*, *in Oppido de Dolâ*.

M. Dunod a cité auffi la relation des miracles de St Prudent, publiée par le P. Labbe & faite au douziéme fiécle, qui parlant de Dole, dit : *Caftellum quod Dolam vocant*; ce qui prouve encore que le nom même du Château étoit *Dole*, ou que Dole n'avoit rien qui le diftinguât dans ce fiécle, que fon Château.

Alberic dans fa chronique fur l'an 1162. dit : *Imperator Fridericus à Rege Francorum invitatus, ut fublato Ecclefiæ Romanæ fchifmate, pax firma redderetur : Concilium in territorio Bifontionum, Dolo Villâ, fuper Sagonam fluvium, in decolatione Sancti Joannis Baptiftæ convocavit.* M. Normand croit que Dole étoit le lieu indiqué pour tenir cette affemblée par un grand nombre de Prelats, de Princes & de Seigneurs ; & il tire avantage du mot *Villa* qu'il dit fignifier une Ville.

Cependant il paroît par le texte même d'Alberic, qu'il ne parle *de Dolo Villâ* que comme du lieu où l'Empereur donna la Charte de la convocation d'une affemblée, de ceux de fes Sujets qui devoient s'y trouver. C'eft à la vérité dans le Diocèfe de Befançon qu'elle devoit fe tenir, *in territorio Bifontionum* ; mais c'étoit fur la Saone, *fuper Sagonam*, dont Dole eft éloigné de quatre lieuës. La Saone féparoit les Etats des deux Princes. Il convenoit à leur dignité, à leur fûreté & à la liberté des fuffrages de l'affemblée, qu'elle se fît dans un lieu neutre ou limitrophe ; comme à St Jean de Laone qui étoit alors partagé par la Saone, & dont une partie étoit du Duché de Bourgogne, comme l'autre du Comté de ce nom, dans laquelle il est prouvé qu'étoit l'Empereur Frederic avec des Prelats, des Princes & des Seigneurs, par une Charte donnée en faveur de l'Evêque de Geneve, datée du jour de la décolation de St Jean-Baptist 1162. qui étoit celui de l'assemblée indiquée par cet Empereur *iu territorio Bisontionum super Sagonam*, par un Mandement donné en son Château ou Maison de campagne à Dole, *Dolo Villâ* : * car vous verrez, Monsieur, dans les Dictionnaires Latins, nommément dans celui qui est à la suite du Dictionnaire de Trevoux, que *Villa* est le nom Latin d'une maison de campagne ; que si Poligny & Arbois l'ont porté, c'est parce que nos Souverains y avoient des Maisons de campagne comme à Dole ; & il est aisé de faire voir, que ces Villes du Comté de Bourgogne n'ont été au onziéme & douziéme siécle, que de petits Villages. Le nom de *Villa* n'a jamais été donné à une Ville de marque & de grandeur considerable ; & l'on ne doit pas séparer ici l'idée de *Villa*, de

___

* Il y avoit alors dans la partie de St Jean de Laone qui étoit de la Vicomté d'Auxonne Souveraineté de la Franche-Comté, une Abbaye nommée *Abbatia Ladonensis* dans le Bref d'envoi du *Pallium* à Hugues III. Archevêque de Besançon sur la fin du onziéme siécle ; donnée ensuite au Chapitre de Vergy transferé à Nuits, & convertie en Prieuré, dont les bâtimens furent ruinés par Galas pendant le siége de St Jean de Laone en 1636.

celle

celle de la belle & vaste Maison de campagne que l'Empereur Frederic avoit fait bâtir à Dole, *Palatium miræ amplitudinis ædificaverat, in loco qui dicitur Dola*; pour juger sainement du mot *Villa* de la chronique d'Alberic, qui s'aplique dans sa signification juste & naturelle à cette Maison de campagne, où la Charte de la convocation de l'assemblée fut donnée.

Sur ce que Golut a cité une Charte datée *in Castro nostro Dolæ*, quoique ces termes traduits à la lettre ne signifient autre chose, que *Données en notre Château à Dole*; M. Normand en prend occasion de dire que le mot *Castrum*, prouve que Dole étoit une Ville, puisque Colmar, Basle & Dijon ont été apellés *Castrum*.

On peut voir dans les antiquités Romaines de Pitiscus, au mot *Castrum*; que c'étoit le nom des camps Romains fortifiés & établis sur les frontieres de l'Empire pour les défendre, & qui furent habités par d'autres que des Soldats, après la subversion de cet Empire. Tels ont été Colmar & Basle dans la Province Sequanoise sur le bord du Rhin, pour la mettre à couvert des irruptions des Allemands. On voit aussi dans la Dissertation qui est à la tête de l'histoire de l'Eglise de St Estienne de Dijon, qu'on apella *Castrum*, des Places qui furent fermées & fortifiées sur les frontieres des Provinces, comme Dijon qui étoit sur celle de Langres; après que l'Empire Romain n'eut plus de Troupes sur ses limites. L'on convient donc que l'objection de M. Normand seroit bonne, non pour prouver que Dole fut une

Ville Romaine, mais qu'on la fortifia après la chûte de l'Empire ; s'il ne paroissoit pas d'ailleurs par des titres incontestables, que le mot *Castrum* de la Charte citée par Golut, ne peut être apliqué qu'au Palais que l'Empereur Frederic fit faire en un lieu qui s'apelloit *Dola*, & où il n'y avoit eu auparavant qu'un petit Château, *Castellum*, terme qui ne convient pas à une Place fortifiée, mais au Château d'un Seigneur.

Dès que nos Princes eurent un Château à Dole, ils penserent à s'y procurer compagnie, & y fonderent un maison de l'Ordre des Templiers qui y est encore. C'est pour cette raison qu'on trouve dans les Chartes citées par M. Normand : *Datum apud Templum juxtà Dolam* ; ce qui ne signifie autre chose que, *Donné dans la maison du Temple auprès de notre Château de Dole.*

Ils y fonderent aussi un petit Prieuré de l'Ordre de Cluny, qualifié dans une Lettre du Souverain Pontife Adrien IV. de l'an 1155. *Obedientia de Dolâ.* Or, M. Ducange dans son glossaire au mot *Obedientia*, dit : *Obedientia sunt cella, præpositura & grangia à Monasteriis dependentes ; sic dicta, quòd Monachi ab Abbate illuc mitterentur, ut earum curam gererent, aut eas desservirent.* Il n'y a donc eu à Dole que quelques Religieux de Baume Ordre de Cluny, pour avoir soin des biens que le Comte de Bourgogne leur avoit donné en ce lieu, & desservir les Fermiers de ces biens.

Car il n'y avoit pas même une Eglise Paroissiale, & Dole étoit de la Paroisse d'Asans Vil-

lage voisin. C'est ce qui est prouvé par la Charte
d'Anseric Archevêque de Besançon de l'an 1120.
qui contient ; que les Moines de l'Obédience nou-
vellement fondée à Dole, ayant voulu faire consa-
crer l'Eglise qu'ils y avoient bâtie, les Chanoines
de Ste Magdeleine à Besançon s'y oposerent ; di-
sans que cette Eglise étoit *dans la Paroisse d'Asans*
qui leur apartenoit ; *quam infrà terminos suæ Ec-*
*clesiæ de Asans . quærebantur ædificatam.* La con-
testation fut portée à l'Archevêque Anseric, qui
accommoda les Parties. Les Chanoines consen-
tirent à la consecration de l'Eglise, donnerent
aux Religieux la place d'un Cimetiere, avec une
autre pour bâtir une maison ; & leur permirent
d'inhumer dans ce Cimetiere les gens de Dole
& les voyageurs qui y mourroient, moyennant
que les droits mortuaires & les oblations de l'année du deüil, seroient partagés par égales parts ;
sur quoi l'Archevêque donna à l'Abbé de Baume, la liberté de nommer un Vicaire *Capellanum*
qui prêteroit serment de fidélité au Chapitre,
pour être presenté à l'Evêque par le Chapitre &
l'Abbé de Baume , & recevoir l'institution Ca-
nonique ; *qui Canonicis fidelitatem jurabit, & per*
*eos sicut per Abbatem , de manu Archiepiscopi*
*curam animarum suscipiet.* Ce sont les termes &
la disposition d'une des Chartes imprimées à la
suite de la Dissertation.

Deux choses résultent de cette piéce. La premiere , que Dole étoit encore de la Paroisse
d'Asans au douziéme siécle. La seconde , qu'il
n'en a pas été entierement soustrait par le traité

de 1120. puisque le Chapitre de Sainte Marie
Magdeleine a conservé le droit de concourir à
la presentation, non d'un Curé, mais d'un *Cha-
pelain* qui desserviroit l'Eglise de l'Obédience de
Dole ; & de partager avec les Religieux, les
droits mortuaires de ceux qui seroient inhumés
dans le cimetiere accordé à cette Eglise dans son
érection. Il faut sur-tout faire attention à la qualité de *Capellanus*, que le traité donne à celui qui
sera préposé aux fonctions Pastorales à Dole ;
parce que cette qualité ne désigne pas un Curé
en titre, suivant M. Ducange au mot *Capellanus*,
mais seulement un Prêtre, qu'un Curé ou des
Religieux préposent *ad regimen animarum.*

L'Obédience de Dole a été unie au Chapitre
des Chanoines Seculiers fondé & établi en ce
lieu, seulement en 1303. cependant celui de Ste
Magdeleine de Besançon a joüi des droits qui
lui avoient été réservés par le traité de 1120. jus-
qu'à ce que par un autre de l'an 1545. homolo-
gué au Parlement de la Province le 25. Mars de
la même année ; il les remit au Chapitre de Dole,
moyennant une responsion annuelle de vingt-
quatre florins, qui se paye encore à present, &
qui est une marque actuelle de l'ancienne dépen-
dance de cette Ville, de l'Eglise Paroissiale du
Village d'Afans.

M. Normand n'a pas sans doute réflechi, quand
il a insinué que l'Eglise Paroissiale de Dole étoit
St Martin de Sens, dans un Ouvrage à la suite
duquel il a fait imprimer le traité de 1120. &
les Bulles des Papes Celestin & Luce des années

1143. & 1182. par lefquels il eft clair d'un côté, que St Martin de Sens & St Germain d'Afans étoient deux Paroiſſes differentes ; & de l'autre que c'eft dans la Paroiſſe de St Germain d'Afans que le Château de Dole étoit ſitué.

Ces faits ſupofés , j'en conclus 1°. Que quand Amagetobrie ou *Dittatium* auroient exifté , & que la Ville de Dole auroit été élevée ſur leurs ruines , elle n'auroit pas droit de ſe qualifier l'un ou l'autre ; parce que ce n'eft pas la place materielle qui fait la durée d'une Ville ; c'eft la continuation ( ſi ce n'eft des prééminences & illuftrations , comm'il eft arrivé à Beſançon ) du moins d'habitation & d'univerſité d'Habitans , non-interrompuë. 2°. Que s'il y a du doute ſur l'exiftence d'Amagetobrie & de *Dittatium* , ou ſur leur emplacement à Dole ; la naiſſance connuë de Dole au onziéme ſiécle par un petit Château ſans Eglife & dans une Paroiſſe étrangere , ſans qu'on y trouve les reſtes & les débris d'une grande Ville ; feroit préſumer qu'elle n'eft pas à la place de ces Villes , que M. Normand ſupofe avoir été grandes & illuftres avant & ſous l'Empire Romain.

Je craindrois de pouſſer trop loin les bornes d'une Lettre , ſi je m'arrêtois à contefter d'autres faits que M. Normand allégue , mais qui paroiſſent étrangers à notre objet , ou de peu de conféquence. On ne peut au refte lui refuſer la juftice de dire , qu'il a écrit ſa Diſſertation avec la politeſſe qui convient aux Gens de Lettres ; qu'il a tiré tout le parti qui ſe pouvoit d'une

caufe affez mauvaife , & qu'elle ne pouvoit être
mife en de meilleures mains.  Mais, comme vous
l'avez remarqué dans la Lettre que vous m'avez
écrite , il auroit été plus prudent aux Partifans
de l'antiquité de Dole , de laiffer tomber cette
affaire , que de l'expofer à de nouvelles difcuf-
fions. Je finis donc en vous affûrant que per-
fonne n'eft avec plus d'eftime & de confideration ,

## MONSIEUR, *&c.*

*P. S.*  J'oubliois , Monfieur , de vous répon-
dre fur ce que vous m'avez demandé , fi la levée
Romaine que vous avez reconnuë dépuis Befançon jufqu'à Auxelles en paffant par Torpes , con-
tinuoit jufqu'à la Louë , comme M. Dunod l'a
écrit, Je puis vous affûrer que M. Dunod a dit la
vérité ; Et pour vous en convaincre , je vous en-
voye le témoignage que m'a bien voulu rendre
fur ce fait M. Maire Lieutenant General au Bail-
liage de Quingey, dont vous connoiffez la pro-
bité & les lumieres , & qui a eu occafion vingt
fois de s'en affûrer , parce que cette levée paffe
dans fa Jurifdiction.

» Dans l'endroit de la riviere du Doubs où
» aboutit l'ancienne levée fur le territoire d'Au-
» xelles , il y a des veftiges d'un pont ; & de l'au-
» tre côté, de femblables veftiges de levée, près
» d'un moulin dénommé dans les anciens titres
» *le Moulin du Pont.* L'on retrouve la levée au-
» delà de cé moulin fur le territoire de Villars-

» St-George, qui n'eſt ſéparé que par le Doubs
» de celui d'Auxelles. Elle continuë dans celui
» de Fourg limitrophe du territoire de Villars-
» St George, traverſe la forêt du Seigneur de
» Fourg & celle du Village de Lieſle apellée *le*
» *Chanois*, juſqu'à la grange Jouffroy qui apar-
» tient au Seigneur de Roche ; paſſe par le bois
» de la Perouſe, entre ſur le territoire d'Arc &
» Senans, & continuë juſqu'à la riviere de Louë
» auprès du Village d'Arc.

M. Normand s'en eſt raporté à des mémoires
infidéles, quand il a nié l'exiſtence de cette levée ;
& il s'en faut bien que celle qu'il dit être de Beſançon à Dole ait des veſtiges auſſi aparens. M.
Dunod n'a cependant pas nié qu'il y en eût une,
mais il l'a attribuée à la Reine Brunehaut, parce
qu'elle tire à Autun, dont l'hiſtoire nous aprend
que cette Princeſſe a fait faire des levées pour differens endroits du Royaume de Bourgogne ; au
lieu que celle qui paſſe à Auxelles, tire droit à
Châlon qui eſt la route marquée dans la carte des
chemins Romains dite *de Peutinger.*

## F I N.

P Ermis d'imprimer. A Beſançon le vingt huit
Janvier mil ſept cent quarante-cinq.

## M A R I N.

A BESANC,ON, de l'Imprimerie de J. Cl. Bogillot

9 782329 648330